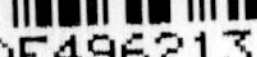
AF496213

L 4 h
401

GUERRE D'ORIENT.

CAMPAGNE DE 1854.

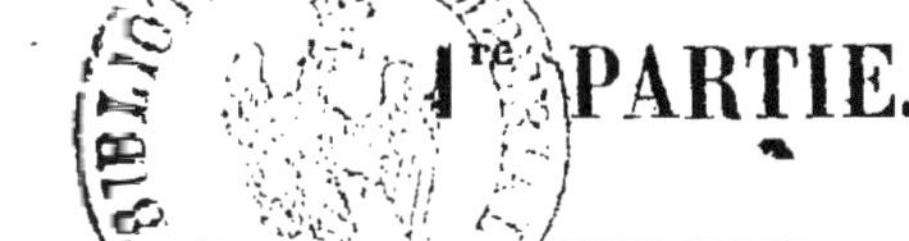

1re PARTIE.

COMPRENANT

les opérations militaires sur le Danube
jusqu'à la retraite des Russes après
la bataille de Silistrie, ainsi que
les opérations des flottes de
la Baltique et de la
mer noire
jusqu'à la même époque.

MULHOUSE,
IMPRIMERIE DE J. P. RISLER.

Maréchal de St.-Arnaud,
commandant-en-chef de l'armée française en Orient.

Aussitôt la réception du refus de l'empereur de Russie de renoncer à ses exigences, vis-à-vis de la Turquie l'alliée de la France et de l'Angleterre, ces deux puissances se mirent en devoir de soutenir la Porte ottomane dans son bon droit : les troupes que l'on était convenu d'envoyer à son secours furent incontinent acheminées sur le port de Toulon, d'où elles se mirent en mer du 20 au 30 Mars, sous le commandement de M. le général Canrobert, en même temps qu'une autre partie de troupes quittait les côtes de l'Algérie ; les troupes anglaises partirent vers la même époque de l'île de Malte.

S. A. I. le Prince Napoléon qui avait sollicité et obtenu de S. M. l'Empereur un commandement dans l'armée d'opération, a été mis à la tête du corps de la division de réserve. S. A. I. est partie de Paris le 9 Avril et est arrivée le 12 à Marseille. Le lendemain, Son Altesse a accepté un banquet que lui a offert la ville. Le Prince Napoléon avait près de lui M. Honoré, premier adjoint de la mairie, suppléant M. de Chanterac, que ses fonctions de député retenaient en ce moment à Paris ; Vely-Pacha, ambassadeur de la Sublime Porte ; M. de Crèvecœur, préfet des Bouches-du-Rhône ; M. le général Thomas et Mgr. l'archevêque d'Aix. Le consul d'Angleterre et le consul général de Turquie avaient aussi été invités à ce banquet, ainsi que tous les chefs de corps de l'armée, présents à Marseille.

Sur les parois de la salle, qui était décorée avec autant de goût que de magnificence, brillaient, entourées des drapeaux unis de la France, de la Grande-Bretagne et de la Turquie, les armes de ces trois nations mêlées à celle de la ville de Marseille.

Vers la fin du repas, M. le général Rostolan, commandant le 9e division militaire, a porté au milieu de

l'enthousiasme général la santé de S. M. l'Empereur;
M. Thouvenel, celle du prince Napoléon; Son Altesse
impériale a porté à la ville de Marseille le toast suivant
qui a été accueilli par de vifs applaudissements.

« Je remercie M^r le Maire de Marseille du toast
« qu'il vient de me porter. En demandant à S. M.
« l'Empereur de me permettre de partager les dangers
« et les travaux de l'armée d'Orient, j'ai fait ce que
« tout soldat français eût fait à ma place, *mon devoir,*
« *rien de plus.* Pour ceux que la volonté du peuple a
« mis le plus près du trône, il est un droit que je ré-
« clamerai toujours, c'est de marcher au premier rang
« des enfants de la France, pour défendre avec eux son
« influence, son honneur et son indépendance natio-
« nale. Les paroles sympathiques que je viens d'en-
« tendre, prouvent que vous avez bien compris le
« sentiment qui m'a inspiré quand je me suis adressé
« à l'Empereur. Il n'est donné à personne de prévoir
« lesrésultats politiques de la guerre qui commence,
« mais notre gloire et nos intérêts sont en bonnes
« mains : ayons confiance dans celui qui a si digne-
« ment et si habilement conduit jusqu'à ce jour cette
« difficile affaire d'orient. Ce qui n'est pas douteux,
« c'est que, si nos armes et celles de nos alliés tri-
« omphent, de nouveaux et vastes débouchés seront
« ouverts à cette grande cité commerçante ; la mer
« Noire, presque fermée jusqu'à ce jour, deviendra
« une mer libre et ouverte au commerce du monde.
« L'empire ottoman raffermi et ne craignant plus un
« voisin ambitieux, pourra développer ses immenses
« ressources et poursuivre glorieusement sa marche
« dans la voie du progrès où il est déjà entré. Voilà
« ce qu'il nous est permis d'espérer et ce que j'ai
« voulu seulement indiquer, pour vous prouver tout
« l'avantage que Marseille doit retirer de cette guerre
« contre la Russie. Vos intérêts sont donc ici iden-
« tiques avec vos devoirs !

« *A la ville de Marseille !* »

S. A. I. partie le 14 de Marseille, est arrivée le 20

à Malte. A son entrée dans le Port, le Prince a été salué par les canons du fort, par le vaisseau amiral et par les hourras des troupes et d'une nombreuse population qui se tenait sur les quais. Le prince a été reçu par le gouverneur à la tête de son état-major et d'une garde d'honneur. Il a visité les divers monuments de la ville, dîné au palais, et a passé le reste de la soirée à l'opéra. A dix heures et demie du soir, le Prince est rentré à bord, accompagné par S. Exc. le gouverneur, et salué sur son chemin par des acclamations nouvelles.

A minuit et demi, le *Rolland* reprenait la mer, malgré un vent très fort du sud-est, et le 28 Son Altesse il débarqua à Constantinople, où une brillante récéption lui avait été préparée.

———

Les premiers transports de troupes françaises et anglaises débarquèrent du 10 au 13 Avril à Gallipoli, ville située sur une presqu'île à l'entrée des Dardanelles et comptant 10 à 12000 habitants la plupart grecs, le Morning-Hérald (journal anglais), donne les détails suivants sur le campement de l'armée alliée :

Ce sont uniquement les troupes se rattachant à l'administration de l'armée qui sont logés dans Gallipoli. Le reste des troupes campe hors de la ville. Avant l'arrivée des troupes, Osman-Bey avait déjà fait dresser à l'avance des tentes pour 1000 hommes.

La partie du camp la plus rapprochée de la ville, est occupée par le génie ; la suivante, qui est établie à Boquenne (la Fontaine secrète), est occupée par les chasseurs de Vincennes ; la troisième et la majeure partie du camp, destiné pour le grand corps de l'infanterie et des zouaves, est à une distance de deux lieues de la ville.

Ce camp occupe le sommet et la pente d'une colline, de laquelle on voit d'un côté la mer de Marmara, et de l'autre le golfe de Samos. C'est une position aussi salubre que pittoresque. Le camp anglais est à trois quarts de mille du grand camp français, près d'un village appelé Boulair.

Sur le bord de la mer est un groupe de tentes blanches qui entourent une grande tente verte surmontée d'un drapeau turc. Ce petit camp est occupé par un détachement de troupes du sultan chargé de prendre soin des camps des alliés. Dans la tente verte est établi un dépôt considérable de matériel.

Elle est occupée par un pacha ou bey. Auprès d'un gros arbre, deux vieux Turcs président à la distribution des rations pour les soldats français. Rien de plus pittoresque que le spectacle présenté par les chasseurs de Vincennes pêle-mêle avec les soldats turcs.

La conversation se fait par gestes, et l'on a quelquefois de la peine à se faire comprendre. Une discussion fort animée a eu lieu dans une des premières distributions, à l'occasion des têtes et des pieds de mouton. Les carcasses avaient été distribuées, mais les Turcs gardaient têtes et pieds.

Les chasseurs de Vincennes exprimaient leur étonnement de ce qu'on leur retenait ces membres des animaux, et ils faisaient des signes afin de donner à entendre qu'ils désiraient les avoir. Les Turcs considèrent ces parties de l'animal comme immondes; ils les jettent toujours, et c'était par déférence pour les soldats français qu'ils ne les distribuaient pas. On a fini par s'entendre, et l'affaire s'est arrangée au mieux.

Les paysans procurent des attelages ou charrettes avec deux bœufs pour le transport du bois, de la paille et d'autres articles pour l'armée. On les paie 20 sous par jour (ou 5 piastres) pour chaque charrette attelée de 2 bœufs. Un spéculateur de Smyrne a eu l'idée d'établir, dans une maison qu'il a fait réparer, un grand restaurant à l'européenne, avec cette inscription à la main : *Restaurant de l'armée auxiliaire.*

Le marché turc est amplement fourni de denrées. On a la viande de 3 à 4 sous la livre, le vin de Tenedos de 8 à 10 sous la bouteille, c'est-à-dire la grande bouteille, contenant un litre français. La volaille vaut 15 à 20 sous. Le riz, le lard, la viande salée et le vin ont été envoyés de France, par le gouvernement français, pour la troupe. Chaque soldat aura par jour une ration de vin ou de café.

L'ordre est établi de manière à rassurer complètement les habitants. On voit des femmes turques et des enfants mêlés avec les soldats dans les rues. Ce n'étaient que les femmes grecques qui semblaient redouter les Français, par suite de l'effrayante peinture de leur prétendue immoralité que l'évêque grec avait faite.

Ce trop zélé pasteur a reçu l'ordre de quitter la ville.

Vers la fin du mois d'Avril, une grande partie des troupes de l'expédition (40,000 Français et 10 à 12,000 Anglais) étaient successivement arrivées à Gallipoli; 10,000 hommes en avaient déjà été transportés à Varna, forteresse turque sur la mer noire et un autre corps considérable était en route vers Constantinople et les Balkans.

———

Jusqu'aux premiers jours de Mars, les Turcs et les Russes s'étaient livrés sur le Danube divers combats, dont l'issue a été le plus souvent à l'avantage des premiers; deux affaires assez sérieuses, à Oltenitza près de Tourtoukai et à Citate au devant de Kalafat ont fait éprouver aux Russes des pertes sensibles. Néanmoins ces derniers recevant continuellement des renforts, Kalafat fut cerné de très près. Le 15 Mars le général Gortschakoff a voulu s'emparer de l'île du Danube, située en face de Tourtoukai. Ses troupes couvraient déjà le pont qu'elles venaient d'établir, lorsque le feu des Turcs est parvenu à le rompre, et il a été emporté par le courant, avec tout ce qu'il portait. La perte des Russes est évaluée à près de 2,000 hommes tués tant sur le pont que sur le rivage. La perte des Turcs, abrités derrière leurs retranchements, fut presque nulle.

Les Russes réussirent néanmoins quelques jours plus tard à franchir le Danube sur trois autres points, à Pot-Bachi, en aval de Matschin; à Tschatal-Bournou, en amont de Toultscha, et sur un troisième point, près de Galatz.

Les Russes ont attaqué avec énergie les fortifications élevées sur les deux premiers points. Un de leurs régiments lancé d'abord contre la position de Tschatal-

Bournou , a disparu jusqu'au dernier homme. Deux bataillons envoyés ensuite ont été à peu près détruits, enfin attaquée par quinze bataillons à la fois, la batterie turque a été prise, après que ses défenseurs au nombre de 1500 se furent battus jusqu'au dernier.

Les troupes russes chargées de s'emparer de Pot-Bachi ont été trois fois repoussées à la baïonnette et ont laissé plus de 1000 hommes sur le carreau. La batterie turque a démonté trois pièces de canon amenées par les Russes. Le feu de la rive opposée n'a pas permis aux Turcs de les enlever, et elles sont restées jusqu'au soir sur le champ de bataille. Les Turcs ont tenu pendant quarante-huit heures , combattant sans relâche, exposés au feu des chaloupes cannonières, de vingt-cinq pièces de gros calibre et de deux mortiers établis sur l'île et sur la rive opposée; ils ont évacué leurs retranchements après avoir brûlé leur dernière cartouche, emmenant leurs canons et se repliant sur Caraso. Ce mouvement était conforme aux ordres formels du général en chef : mais avant de quitter leur position, pour obéir à ces ordres, on voit que les Turcs ont donné à l'ennemi de nouveaux et brillants témoignages de leur bravoure.

La force des Russes était de 40,000 hommes lors du passage, mais par des renforts successifs ce corps s'éleva bientôt à 60,000 hommes ; les places fortes d'Isatcha, de Matchin et de Hirsowa, toutes trois peu éloignées des points de passage tombèrent en leur pouvoir, et ils s'avancèrent jusque vers Kustendje et aux confins des retranchements dits le mur de Trajan, bornant au sud le territoire de la Dobrutcha.

Jusqu'au 17 Avril les Russes avaient bombardé trois fois Silistrie , l'une des plus fortes places turques sur le Danube sans lui faire grand mal; un détachement de Russes ayant été quelques jours plus tard attiré jusqu'au pied de la place, les turcs qui se tenaient en embuscade fondirent sur eux et en exterminèrent une partie , le reste put à grande peine se sauver. Cette forteresse est défendue par 14 batteries dont le feu se croise, et comme sa garnison est d'une bravoure déterminée, ce n'est

qu'avec une grande perte d'hommes que les Russes pour-
ront s'en rendre maître.

A la même époque, il y eut entre Rassova et Cerna-
voda une grande bataille entre les Russes et les Turcs.
Les deux parties firent des pertes assez sensibles, mais la
victoire resta indécise.

Le 19 Avril les Russes tentèrent une dernière attaque contre Kalafat, qui a aussi complètement échouée ;
l'armée russe était en bataille entre Poïana et Kalafat, s'é-
tendant depuis Kupretchin jusqu'à Poïana ; 16 escadrons
réguliers turcs, 20 pièces d'artillerie, quelques bataillons d'infanterie, toute la cavalerie et l'infanterie irrégu-
lière, au nombre de 4000 environ, sortirent de Kalafat à
sa rencontre. Les Russes marchaient toujours sur la place.
Aussitôt qu'ils furent à portée de canon, les soldats
turcs démasquèrent quelques batteries, et la place com-
mença à tirer. Les Russes, contre leur habitude, avan-
çaient toujours et témoignaient que leur intention était
de combattre. Pendant ce temps, les bachi-bouzoucks
qui, pour le dire en passant, sont d'excellents tirailleurs, engageaient vivement l'action avec les Cosaques
du coté de Kupretchin ; les pièces de campagne étaient
établies en batteries et faisaient de leur côté un feu
efficace sur les Russes. On sait que l'artillerie turque
est beaucoup supérieure à celle des Russes pour la justesse du tir. Trois fois alors la cavalerie moscovite
chargea celle des Turcs, et elle fut repoussée avec une
grande perte, tandis que le canon de la place lui cau-
sait un mal affreux.

Un des régiments de cavalerie ottomane, ayant avec
lui quatre pièces d'artillerie en batterie, masquées aux
Russes par un petit pli de terrain, se laissa charger
avec sang-froid jusqu'à une distance de 200 pas, puis
démasquant tout à coup sa batterie, fit feu presque à
bout portant de ses quatre pièces à mitraille sur la co-
lonne russe, dans laquelle il causa un ravage et un
désordre extraordinaire ; ce mouvement fut fait et dirigé avec l'aplomb des meilleures troupes : les Russes
furent donc complètement repoussés sur ce point.

Pendant ce temps, sur d'autres points, l'infanterie et

l'artillerie obtenaient le même avantage, et déjà les Russes bien que se défendant encore bravement, battirent en retraite de toutes parts, se dirigeant sur Maglawit. La cavalerie turque, secondée par l'artillerie, suivait tous leurs mouvements; les irréguliers, qui ont eu avec l'artillerie les honneurs de la journée, les poursuivaient implacablement;

A la suite de cette affaire, les Russes abandonnèrent tous les points de la petite Valachie et se replièrent sur Bucharest.

Les flottes anglaise et française étaient rentrées dans la mer noire à la date du 26 Mars et se dirigeaient sur Varna. Le 1er Avril, une partie de ses bâtiments se dirigea vers le Nord; le 6 la frégatte à vapeur anglaise le *Furious* avait été envoyée à Odessa pour réclamer les consuls et ceux de nos nationaux qui pouvaient désirer à sortir de cette ville, à l'approche des hostilités avec la Russie. Malgré le pavillon parlementaire qu'elle portait, ainsi que son embarcation, les batteries d'Odessa ont tiré traitreusement sept coups de canon à boulet sur cette dernière, peu d'instants après qu'elle avait quitté le quai et les autorités maritimes, action qui allait bientôt recevoir son châtiment.

Le 14 Avril M. le vice-amiral commandant en chef l'escadre de la mer noire, avait reçu la notification officielle de l'état de guerre entre la France et l'Angleterre, d'une part, et la Russie de l'autre.

L'amiral Hamelin, après s'être concerté avec l'amiral Dundas, a signalé ce nouvel état de choses aux vaisseaux de l'escadre, et a fait saluer ce signal de trois cris de *Vive l'Empereur* ! par les équipages debout sur les vergues. L'amiral anglais a exécuté la même manœuvre. Rien n'était plus imposant que le spectacle de ces 20,000 marins faisant retentir l'air de leurs acclamations en faveur d'une cause qui, aux yeux de tous, est celle de la justice et de l'indépendance des nationalités de l'Europe. En tête des trois mâts de chaque vaisseau flottaient les pavillons de France, d'Angleterre et de Turquie, sur lesquels la neige tombait à flocons, comme pour donner une teinte vraiment locale à cette scène maritime. En descendant les vergues les gabiers se sont groupés au pied du grand mât et ont entonné un chant de guerre composé par un des leurs.

L'enthousiasme est vif et unanime dans les deux escadres ; il se manifeste à chaque occasion, et il a singulièrement accru encore, dans ces derniers temps, par la lecture des pièces officielles qui ont si clairement mis à nu les projets ambitieux de la Russie et ses tentatives pour exclure la France de toute intervention dans les destinées de la Turquie.

Le 22 Avril au matin, huit frégates à vapeur, dont trois françaises et cinq anglaises, se sont dirigées sur le port imperial d'Odessa, et vers sept heures, quatre de ces frégates ont commencé le feu sur les batteries de terre.

Le môle impérial contre lequel l'attaque a été dirigée, contenait un grand nombre de bâtiments de toutes classes et des casernes. On voyait un nombre formidable d'embrasures et une batterie au milieu des deux môles, mais mal adaptée pour le service de l'artillerie. On comptait 70 embrasures. L'ordre donné aux bateaux à vapeur était de diriger leur feu sur le môle impérial et la marine russe, mais d'épargner la ville et le môle de la Quarantaine où se trouvaient les bâtiments neutres. A sept heures vingt minutes, le *Sampson* a bravement ouvert le feu. Chaque bateau à vapeur faisait feu de ses énormes canons, puis décrivait un cercle, et le feu recommençait. Ces évolutions étaient admirables ; elles ont été exécutées pendant le bombardement avec une précision et un ordre parfaits. Les premiers coups ont produit peu d'effet à cause de la distance. Les russes avaient marqué, par un vieux navire à l'ancre, la portée de leur tir. Nos frégates ont franchi cette marque et se sont ainsi mises à portée de l'artillerie ennemie, qui d'abord ne les a pas atteintes quoique leur feu leur fît éprouver de terribles pertes.

Les deux môles ainsi que les batteries intermédiaires ont vivement répondu ; au bout d'une heure le *Vauban* se rapprochait des escadres ayant eu des avaries dans plusieurs endroits et le feu par le moyen d'un boulet rouge. Lorsque le feu fut éteint, le *Vauban* revint à son poste, à dix heures, quatre autres frégates se sont réunies aux premières, et alors l'action est devenue générale. Pendant longtemps le feu terrible des bateaux à vapeur ne fit pas taire le môle impérial. A la fin, cependant, son tir se ralentit; quoiqu'il continuât d'être régulier, il ne répondait plus que toutes les deux minutes. Vers une heure, le feu prit à une batterie, et, en quelques minutes, toute cette partie du môle sauta. Les bateaux à vapeur continuèrent de tirer à boulets et à bombes sur la marine russe, que l'on voyait s'enfoncer et disparaître. Tout d'un coup, une batterie de 6 canons, disposée sur le rivage, se mit à ouvrir un feu très-vif contre les chaloupes qui portaient des fusées à la Congrève. Heureusement personne n'a été blessé, quoique le feu eût été parfaitement dirigé. L'eau frappée par les projectiles, jaillissait de toutes parts autour de ces embarcations. Les chaloupes et les bateaux à vapeur répondirent vivement à ce feu, et bientôt cette artillerie fut mise hors de combat.

Les bateaux à vapeur ont continué le feu jusqu'à cinq heures de l'après-midi, heure à laquelle les amiraux Dundas et Hamelin firent signal aux frégates de rallier l'escadre. L'incendie avait gagné la batterie du môle impérial; la poudrière avait sauté; une quinzaine de navires russes, à l'exception de deux ou trois, étaient coulés ou en feu. Les établissements de la marine étaient également en feu ou très-endommagés par les obus. Presque tout ce qui a été détruit à Odessa était russe et appartenait au gouvernement impérial. La ville et le port marchand sur lesquels on n'a pas tiré et où se trouvait réunie une grande quantité de navires de toutes les nations, ont comparativement peu souffert, seulement quelques-uns des bâtiments les plus en vue, notamment le palais de Woronzow, ont été incendiés. Par contre la cannonade terrible a brisé toutes les vitres, et plusieurs cheminées se sont écroulées. Plusieurs des navires marchands à l'ancre dans le port ont profité du désordre qui régnait dans le port pour en sortir, et entre autres les deux seuls navires français qui y étaient.

Quelques bateaux à vapeur ont été légèrement avariés, mais rien de sérieux. Un Anglais a été tué et 8 ou 9 blessés, aucun grièvement. Aucun officier n'a été blessé. Les Russes ont eu 200 hommes tués et 300 grièvement blessés; plus de la moitié seront désormais impropres au service.

Le quatrième jour après le bombardement du port impérial d'Odessa, les deux escadres ont mis à la voile, le 26 avril au matin, et se sont dirigées vers les côtes ouest de la Crimée.

Dans la journée du 29, le vent ayant permis de se porter sur Sévastopol, les escadres combinées ont fait route vers l'entrée de ce port. Elles y sont restées en panne afin de voir s'il était vrai que l'escadre russe fût décidée à venir à leur rencontre, ainsi que les autorités russes en faisaient courir le bruit dans la mer Noire. Pour amener les Russes à venir leur offrir le combat, les amiraux des escadres anglaise et française avaient prescrit à deux de leurs vaisseaux de se tenir hors de vue des terres de la Crimée; mais en vain, les vaisseaux russes sont restés immobiles sur leurs ancres pendant que nos flottes les attendaient ainsi. Ils étaient au nombre de 12 bâtimens de haut bord, trois frégates à voiles, et 26 bâtiments à vapeur, la plupart de petite dimension, d'après le dire des prisonniers russes, que les flottes avaient faits sur quatre vaisseaux de cette nation capturés quelques jours auparavant.

La présence des amiraux alliés en vue de la Crimée et quelques bombes jetées dans Sébastopol avaient donné lieu aux bruits qui avaient couru sur un prétendu bombardement de cette ville. On ne songeait point à cette opération, vû qu'on ne pouvait même pas l'entreprendre par mer seulement sans courir un très-grand danger; on se borna dès-lors à bloquer Sébastopol, afin que ce port soit effectivement fermé.

Une partie des bâtimens anglais et français furent alors détachés, pour se rendre, de concert avec la flotte turque, sur les côtes de la Géorgie et de l'Abasie et y prendre possession de quelques forts encore debout; car dès que les Russes eurent appris l'entrée des flottes alliées dans la mer noire, ils avaient résolu et exécuté l'évacuation et la destruction des forts les moins importants le long des côtes, dans la prévision de ne pouvoir les protéger contre l'atteinte des flottes française et anglaise, destruction dont ils n'épargnèrent même pas les villes. L'incendie avait partout chassé les habitants de leurs demeures et des milliers de familles errèrent sans ressources et dans le plus grand dénuement sur les côtes et dans les bois. Il y avait dans le nombre bien des chrétiens qui auraient dû pouvoir bénir la main de leur protecteur orthodoxe. Les Russes firent transporter tout le matériel de guerre à Sukumkale, d'où des bateaux à vapeur et des barques devaient les transporter en lieu de sûreté. Mais la présence des flottes anglo-française ayant empêché l'exécution de ce plan, le commandant de la dite place reçut ordre de mettre le feu au matériel et à la ville et de se retirer avec ses troupes. On donna aux habitants six jours pour se préparer à leur départ. Sukumkale a de l'importance à cause de son grand port et de la sécurité qu'il présente. Cette ville faisait un commerce assez étendu et contenait de grands approvisionnements en marchandises. Grand a été le désespoir des propriétaires qui vendirent à tout prix. Le 21 Avril expirait le terme assigné à cet effet par la barbarie russe ; le soir même ou le lendemain matin tout devait être livré aux flammes. La Providence en disposa autrement. Le valeureux Chamyl fit partir pour cette ville une expédition composée de 5000 hommes, sous le commandement de deux de ses lieutenants Nahib-Bey et Kiffil-Bey, qui arrivèrent encore à point pour en empêcher la destruction. Ils surprirent les Russes dans la nuit du 20 Avril et s'emparèrent de la ville et de ses forts. La garnison russe prit la fuite presque sans coup férir, et un grand nombre d'entre eux furent faits prisonniers par les Tscherkesses. Quelques jours après un commandant Tscherkesse Humdy-Bey fut fait gouverneur de la place.

Vers le 20 Mai, un détachement de la flotte anglo-française attaqua le fort de Redut-Kale, défendu par 2000 Russes qui furent sommés de se rendre. Ils répondirent par des coups de canon. L'amiral Lyons riposta par un bombardement qui réduisit la ville en cendres; il fit ensuite débarquer 300 soldats de marine anglais et français et 1200 Turcs du corps d'armée réuni à Batoum, qui avaient été cherchés deux jours auparavant au camp de Churuk-Sou. Au moment où ces troupes prirent pied sur la côte, la garnison russe sortit de Redut-Kale et se retira dans un village, où elle fut bientôt atteinte et contrainte de déposer les armes, si elle ne voulait devenir prisonnière de guerre. Après cet exploit le drapeau turc fut arboré sur le fort et un renfort de 800 hommes fut envoyé par Selim-Pacha pour, avec les 1200 débarqués lors de la prise de la place, en former la garnison. Une frégate anglaise resta provisoirement en station sur la côte.

Depuis la retraite des Russes de ce territoire les Tscherkesses ont commencé à rétablir les parties détruites des divers forts abandonnés. Les travaux sont poussés avec une grande vigueur, sous la direction d'ingénieurs et d'officiers européens.

Le 14 Mai la fausse direction donnée à un vaisseau anglais le *Tiger*, par un pilote grec qu'il avait pris à bord, poussa cette frégate à vapeur sur un banc de sable à une et trois quarts lieues d'Odessa. Canonnée par une batterie qui s'était promptement établie sur le rivage, la frégate fut obligée de se rendre, avant que les bateaux à vapeur le *Vésuve* et le *Niger*, qui croisaient dans les environs pouvaient la rejoindre. Le commandant du *Tiger*, M. Griffard avait eu une jambe emportée et son neveu tué à côté de lui, le second de la frégate perdit les deux jambes et 5 autres hommes étaient plus ou moins fortement blessés; l'équipage consistait en 25 officiers, 25 aspirants de marine et 176 matelots qui furent faits prisonniers. De crainte de se voir enlever le vaisseau naufragé par les bateaux à vapeur qui arrivaient à son secours, les Russes firent sommer l'équipage de s'embarquer et mirent le feu à la frégate en y lançant quelques boulets rouges.

Opérations des flottes alliées de la Baltique.

Des deux flottes qu'il avait été convenu entre la France et l'Angleterre de faire agir dans le Nord contre la Russie, celle d'Angleterre a appareillé le 10 Mars, sous le commandement de l'amiral Napier; la flotte française quelques semaines plus tard seulement; elle est commandée par l'amiral Parseval-Deschènes. Lors de l'arrivée de la flotte anglaise dans la Baltique, le golfe de Finlande et celui de Bothnie commençaient à peine à se débarrasser de leur glace; les brouillards épais qui suivirent la débâcle furent un nouvel obstacle à une prompte action, les premières expéditions se réduisirent donc à accaparer tous les navires russes qu'on put découvrir et dont le nombre dépassa bientôt une cinquantaine. La première affaire eut lieu dans la rade de Hangœ : deux navires, *l'Arrogant* et *l'Hecla* remontaient une rivière étroite dans la soirée du 19 Avril. Au moment où ils jetaient l'ancre, l'ennemi, embusqué derrière un banc de sable et dans un bois, a fait feu sur une des chaloupes qui se trouvaient alors à distance de 3 à 400 mètres du rivage. Sur les deux navires on a aussitôt ordonné le branle-bas : les canons ont été chargés, et des boulets et des bombes ont été lancés, tant contre la barrière de sable que contre le bois. L'ennemi a été bientôt délogé de cette double position, et tout est rentré dans le calme. A deux heures du matin les deux navires ont quitté le mouillage, *l'Hecla* en tête, les canonniers à leurs pièces. Pendant trois heures ils ont navigué de compagnie, lorsque tout-à-coup ils se sont trouvés à portée du canon d'une batterie ennemie. L'*Hecla* a ouvert le feu; l'ennemi a répondu vivement. Le promontoire sur lequel était établie la batterie était couvert de soldats en longues capotes grises dont les casques d'acier brillaient au soleil levant. Pendant que la batterie tirait sur l'*Hecla*, l'*Arrogant* a lâché sur tous ces soldats une formidable bordée. Quand la fumée a été dissipée, on a vu un détachement d'artillerie à cheval qui s'enfuyait à toute bride ; toutefois, un feu très-vif de mousqueterie partait du bois, et, à bord des deux na-vires, tombaient les balles comme la grêle. L'*Arrogant* a touché terre à 100 mètres de la batterie, mais non sans avoir démonté, par une bordée, tous les canons de l'ennemi. L'*Arrogant* a été bientôt relevé. En dépas-sant le fort que les deux navires anglais venaient de faire taire, ils ont vu des affûts de canon brisés, des canons démontés, des casques et des havre-sacs qui jon-chaient la terre. La ville d'Eckness était découverte ; c'était là l'objet de l'expédition. L'*Arrogant* fut forcé d'y jeter l'ancre ; il n'y avait plus assez d'eau. L'*Hecla* a avancé ; une nouvelle batterie a fait feu. L'*Arrogant* a soutenu bravement la canonnade, favorisant le pas-sage de l'*Hecla*, qui, ayant aperçu une embarcation russe, s'en est emparé et l'a remorquée, l'emmenant à la grande terreur des habitants. A son retour cette pe-tite expédition a été ralliée par le *Dauntless*, que sir Charles Napier envoyait afin de savoir d'où venait ce feu, que l'escadre entendait parfaitement de la rade de Hangoe.

Le 21 Mai l'escadre se rapprocha des 3 forts russes situés sur le cap de cette rade. Trois de ses bâtiments l'*Hecla*, le *Dragon* et la *Magicienne* ont ouvert le feu contre eux. C'était un beau spectacle. Les premiers bou-lets ont porté en haut du rempart et porté de tous cô-tés la destruction, puis sont venues les bombes. Les forts ont aussitôt répondu, et un boulet a abattu le pa-villon du *Dragon*, qui a été aussitôt relevé et arboré au grand mât. Les boulets se sont croisés dans toutes les directions, mais aucun autre navire que les stea-mers n'a été engagé. Les briques, les pierres et le mor-tier volaient aussi ; la côte était garnie de troupes rus-ses et de batteries légères, qui ont aussi ouvert le feu contre les steamers. La canonnade a duré cinq heures, au bout desquelles les vapeurs ont reçu l'ordre de battre en retraite. Le *Dragon* a reçu vingt-cinq boulets et n'a eu qu'un homme tué et un homme blessé. Nous avons estimé que le fort pouvait avoir 100 hommes hors de combat et quelques canons démontés.

Le 22 dans l'après-midi, le *Dragon*, le *Basilick*, l'*Hecla* et la *Magicienne* bombardèrent les trois forts, qui répondirent aussi par des bombes; la canonnade dura pendant 6 ½ heures. Plusieurs bombes firent explosion au centre des forts, d'autres en ont détruit les embrasures. Le *Dragon* est le seul navire qui ait été touché trois ou quatre fois selon les uns, mais selon les autres, il aurait eu 15 boulets dans sa coque.

Environ à la même époque un détachement de la flotte se rendit devant Littaw, et obtint par la menace d'un bombardement, que tous les bâtiments russes au nombre de sept, qui se trouvaient dans le port, lui fussent livrés.

Une autre partie de l'escadre fut, sous la conduite de l'amiral Plumridge, détachée dans le golfe de Bothnie. Cet amiral débarqua 1500 hommes à Uleaborg, et s'empara du fonds en caisse de la banque de cette ville, dont les directeurs prirent la fuite. Il détruisit ensuite à Barvestad et à Tornea tous les approvisionnements et tout le matériel militaire russe.

Mais à Gamla Carle, un débarquement qu'il avait fait pour opérer les mêmes destructions, se trouva en présence d'une forte garnison qui le força de se rembarquer, après lui avoir fait éprouver une perte de 28 hommes dont 22 faits prisonniers.

Vers le 12 Juin l'escadre française rejoignit la flotte anglaise près de Helsingfors. Lorsqu'elle était encore ancrée à Kiel, le journal l'*Allgemeine Zeitung* en donnait une intéressante description : les gens de l'équipage, dit son correspondant, sont en général plus forts et plus capables que je ne me les étais imaginé : ce sont pour la plupart des hommes musculeux, de haute stature, au teint basané, et autour d'eux voltige une foule de mousses joyeux et de mine joufflue. Les vaisseaux eux-mêmes présentent leurs particularités qui ne s'aperçoivent pas facilement lorsqu'ils sont réunis; en les considérant isolément cependant je crois qu'un œil exercé distinguerait bien un vaisseau de ligne français d'un anglais ou russe. Mais pour cela il faut commencer son investigation par les proportions de la

base de sa construction et l'étendre à l'examen de sa
carcasse et de ses agrès. En effet la construction de
ces navires est plus élancée et plus élégante que tous
les vaisseaux que j'ai vus jusqu'à présent; en examinant
le bâtiment de son avant, l'ensemble se dessine dans
de si belles proportions qu'alors apparaît dans toute sa
force la construction massive et pesante des vaisseaux
anglais, qui, bien qu'imposante semble écrasante dans
ses effets immédiats. Tout ce qui se rattache à l'ensemble a sa base, sans nul doute, dans les plans du
constructeur en chef du bâtiment. J'ai la conviction,
quoique juge incompétent dans la question, que la répu-
tation des vaisseaux français d'être les meilleurs voiliers et
surpasser sous ce rapport les navires anglais, est mé-
ritée. De même aussi, on ne peut pas nier que le ma-
telot français a plus de vivacité et qu'il est aussi preste
des bras que de la langue, lorsqu'il s'agit de frapper.
L'impression que fait sur vous l'aspect d'un vaisseau
français est des plus agréables, et notamment la manœuvre des canons s'y fait avec une grande justesse.
Les canonniers manient les pièces de 36 et de 80 à la
Paixhans qui garnissent le centre des batteries du vaisseau amiral avec une facilité étonnante; l'on conçoit
à peine que le désordre ne se mette pas dans les mouvements du nombreux personnel de l'équipage; à raison qu'il n'y a pas grand espace pour les boulets en-
nemis, la canonnade d'une batterie doit être effrayante
et d'autant plus que les canons du vaisseau seront plus
serrés entre eux.

Le 26 Juin les flottes réunies arrivèrent dans les eaux
de Cronstadt, et jetèrent les ancres près du phare de
Tolbukin situé sur un banc de sable en avant la pointe
ouest de l'île sur laquelle est bâtie la forteresse en
question. Des sondages furent entrepris au sud et au
nord de l'île et il fut reconnu que du coté nord on
pouvait se rapprocher assez près de la ville, avec des
vaisseaux, pour y lancer des bombes à grande portée.
On avait répandu le bruit que des machines inferna-
les avaient été déposées dans le seul canal au sud de
l'île qui soit accessible aux vaisseaux; mais des jour-

naux français ont assuré que le résultat des sondages jusqu'à présent opérés n'ont amené que la découverte de trois bouées noyées et retenues au fond de la mer par quelques grosses pierres seulement. Quoi qu'il en soit et bien que Cronstadt paraisse être plus vulnérable qu'Helsingfors, il ne semble pas que rien d'important doive être tenté avant l'arrivée des braves troupes françaises et des chaloupes canonnières que l'on a demandées en Angleterre, et qui seront rendues dans la Baltique vers la fin du mois d'Août. Déjà une division de 10,000 hommes sous le commandement de M. le général Baraguay d'Hilliers a été embarquée à Calais sur une flotte de 12 à 15 vaisseaux anglais. Nos soldats ont été reçus par les marins anglais avec le plus grand enthousiasme et au son de musique militaires. Avant de se rendre à Calais pour s'embarquer, ces troupes avaient été passées en revue par l'empereur qui s'était rendu à cet effet au camp de Boulogne. Sa Majesté a adressé à cette occasion aux troupes de ce camp la proclamation suivante :

« Soldats !

« La Russie nous ayant contraints à la guerre, la
« France a armé cinq cent mille de ses enfants. L'An-
« gleterre a mis sur pied des forces considérables. Au-
« jourd'hui nos flottes et nos armées, unies pour la
« même cause, vont dominer dans la Baltique comme
« dans la mer Noire ; je vous ai choisis pour porter
« les premiers nos aigles dans ces régions du nord. Des
« vaisseaux anglais vont vous y transporter, fait unique
« dans l'histoire, qui prouve l'alliance de deux grands
« peuples et la ferme résolution des deux Gouverne-
« ments de ne reculer devant aucun sacrifice pour dé-
« fendre le droit du plus faible, la liberté de l'Europe
« et l'honneur national !

« Allez, mes enfants ! l'Europe attentive fait ouver-
« tement ou en secret des vœux pour votre triomphe.
« La patrie, fière d'une lutte où elle ne menace que
« l'agresseur, vous accompagne de ses vœux ardents ;
« et moi, que des devoirs impérieux retiennent encore
« loin des évènements, j'aurai les yeux sur vous, et bien-

et en vous revoyant, je pourrai dire : Ils étaient les dignes fils des vainqueurs d'Austerlitz, d'Eylau, de Friedland, de la Moscowa. Allez ! Dieu vous protège !»

On assure que le corps de troupes françaises destiné à agir dans la Baltique, sera porté à 30,000 ou 40,000 hommes.

Derniers évènements militaires sur le Danube.

Dans les premiers jours de Mai, après l'arrivée du commandant général Paskewitsch au camp russe, le passage du Danube fut opéré à Kalarasch, et Silistrie fut ainsi également cerné du côté de la terre. Sans procéder aux travaux préparatoires de siège, les Russes essayèrent le 13 mai, en masses compactes, de prendre à l'assaut le fort Abdul-Medjid, mais sans succès ; presque tous ceux qui avaient pris part à l'assaut furent anéantis. Les Turcs disent avoir compté 1500 cadavres de Russes qu'ils précipitèrent dans un grand four à chaux. On estimait que les Russes avaient perdu jusqu'à ce jour 8000 hommes devant Silistrie. Mussa-Pacha, bien qu'il eût soutenu victorieusement plusieurs combats contre le corps de Luders, n'avait pu cependant empêcher ce général d'arriver aux pieds de la place ; mais il l'en tint assez longtemps éloigné pour qu'elle pût être abondamment ravitaillée.

N'ayant pu prendre Silistrie par un coup de main, les Russes se virent obligés d'en faire le siège régulier. Enfin vers la fin de Mai, furent achevés les pénibles et les plus importants travaux qu'il faut faire, avant de pouvoir songer à donner avec succès l'assaut à cette forteresse ; il devenait d'ailleurs important et il y avait hâte d'emporter la place, avant que l'armée turque ne pût arriver à son secours ou que les Anglais et les Français fussent tous débarqués à Varna et ne pussent de là dérouter les travaux de siège. Le 29 Mai par conséquent l'assaut fut entrepris après que les soldats y eussent été préparés par une cérémonie religieuse et une harangue du pope ; quelques bataillons russes doivent avoir montré une excitation d'une origine toute différente. Ce fut un spectacle très-sérieux, que celui des deux colonnes d'attaque sortant de derrière les retranchements, accompagnés de cavalerie et d'artillerie légères pour monter à l'assaut, après une canonnade de plusieurs heures dirigée contre la forteresse par les batteries russes. Les colonnes s'élancèrent au pas de course vers les retranchements, précédées par 500 hommes portant des échelles, des fascines, des gabions, des instruments divers devant servir à abattre les palissades et à combler les fossés. Mais ces préparatifs ne déroutèrent pas le sang-froid de l'artillerie turque, pas un seul homme n'abandonna sa pièce ; tirant avec charges complètes sur les assaillants, elle faisait de larges trouées dans leurs rangs ; mais aussitôt ceux-ci se reformaient au commandement dé : serrez les rangs, prononcé par les officiers. Les voici arrivés au chemin couvert derrière lequel se tenaient les tirailleurs Turcs ; quelques secondes après ils sont au bord du fossé, on y jette les fascines et les échelles sont appliquées contre les remparts. Il y eut un moment où un officier était parvenu à mettre pied sur le parapet du fort Arab-Tabia ; il venait de percer d'un coup d'épée un Bimbaschi turc (major), lorsqu'un coup de bayonnette le culbuta dans le fossé. Les Russes ne se retirèrent que lorsqu'ils eurent perdu tout espoir de s'emparer des deux forts ; ils emportèrent leurs blessés. D'après les rapports ils doivent avoir laissé 1500 cadavres sur le champ de bataille ; selon d'autres le nombre de leurs morts doit s'être élevé à 2000.

Jusqu'au 2 Juin, sauf un court armistice l'artillerie continua de battre la place sans interruption ; on a compté qu'en moyenne 100 boulets par heure avaient été lancés contre la forteresse ; mais ce qui avait été détruit pendant le jour fut toujours réparé durant la nuit. Après de nouvelles dispositions prises par le général russe, le 2 Juin dans la matinée, un assaut général fut tenté contre les forts, tandis que la ville était bombardée par la flottille du Danube. Cet assaut fut l'un des combats les plus meurtriers qui avaient été livrés jusqu'ici aux pieds de la forteresse, sans donner l'avantage aux Russes, grâce à l'héroïque résistance des troupes tur-

...tres, qui se doublaient et faisaient front partout où le danger apparaissait. Vers 11 heures une grenade vint éclater dans la chambre du commandant Mussa-Pacha, et le tua. Il avait refusé deux millions que le général Paskewitsch lui avait offerts pour la reddition de la place. Sa mort fut une grande perte pour les assiégés, sans porter profit aux Russes. Le même jour dans la soirée ces derniers voulurent faire jouer une mine, qu'ils avaient avancée jusqu'au-dessous du fort Arab-Tabia; mais elle porta le désastre en sens inverse : au lieu de faire crouler les remparts des Turcs, elle fit sauter une compagnie de 300 à 400 Russes prête à monter à la brèche que la mine devait faire. Il en résulta un tel désordre dans les retranchements des Russes que la garnison du fort en profita pour faire une sortie vigoureuse, dans laquelle elle s'empara de la plus proche batterie russe, mais qu'elle dût bientôt abandonner. On citait de cette sortie le fait presque incroyable que les Turcs n'y doivent avoir eu que 8 hommes tués, tandis que la perte des Russes aurait été très-forte.

Mais cette sortie n'était que le prélude d'une autre bien plus sérieuse pour les Russes, qui arriva le 13 Juin, et qui donna lieu à un combat sanglant de plusieurs heures, dans lequel le général Schilder perdit une jambe. Cette sortie était combinée avec l'arrivée du corps de troupes de 30,000 hommes, envoyés par Omer-Pacha pour dégager la place, et lesquels doivent avoir pris une part active à cette affaire.

Reconnaissant l'impossibilité de s'emparer de Silistrie avant l'arrivée des troupes anglaises et françaises, l'ordre d'évacuer la rive droite du Danube et de se retirer en Moldavie et derrière le Pruth, envoyé par l'empereur de Russie venait d'arriver au camp, qui fut levé quelques jours après.

Cette issue de la campagne aurait dû faire espérer que la Russie abandonnerait ses vues sur la Turquie, à plus forte raison que l'Autriche ne reste pas neutre dans la question, et qu'elle s'alliera à la France et l'Angleterre dans le but commun d'empêcher l'agrandissement de la Russie aux dépens de la Turquie et des intérêts du reste de l'Europe.

Les pertes en hommes que les Russes ont faites depuis leur entrée dans les principautés, soit en 12 mois, sont estimées dans les états russes même à 50,000. Quelques bataillons dont les rangs avaient été trop fortement décimés durent être licenciés et les hommes restants répartis dans d'autres bataillons.

www.ingramcontent.com/pod-product-compliance
Ingram Content Group UK Ltd.
Pitfield, Milton Keynes, MK11 3LW, UK
UKHW021200230726
13926UKWH00001B/223